Nouveau répertoire des "Soirées Honnêtes"
(Série des Patronages et Institutions)

HENRI MORIENVAL

Quand les chats sont partis!...

SCÈNE JAPONAISE POUR JEUNES FILLES
EN UN ACTE

AVEC DIVERTISSEMENTS, CHANTS ET CHŒURS

Musique de P. DE COLROY

ERNEST FLAMMARION, ÉDITEUR
26, Rue Racine, Paris

Quand les chats

sont partis!...

SCÈNE JAPONAISE EN UN ACTE

PIÈCES PARUES :

JACQUES COURVILLE

Adolphe demande de l'augmentation. Comédie en deux actes, pour jeunes gens.

Arthur, prends garde aux voitures ! Comédie en un acte, pour jeunes filles.

Bergamote consulte la somnambule. Comédie en un acte, pour jeunes filles.

Clémence a mal aux dents. Comédie en un acte, pour jeunes gens.

On entendra la T. S. F. Comédie en un acte, pour jeunes gens.

Madame Béchamel va à Vichy. Comédie en trois actes, pour jeunes gens.

La mésaventure d'un bleu. Pochade militaire en un acte, pour jeunes gens.

La panne nuptiale. Comédie en deux actes, pour jeunes gens et jeunes filles. (*Série des pièces de « Théâtre de Société »*.)

Le pâté de gelinottes ou les trois gourmands. Comédie en deux actes, pour jeunes gens.

HUBERT FONDMARIN

Nos précieuses ridicules. Comédie en un acte, pour jeunes gens et jeunes filles. (*Série des pièces de « Théâtre de Société »*.)

HENRI MORIENVAL

Les cloches de l'Armistice. Scènes alsaciennes en deux actes, pour jeunes filles, avec chants. Musique de P. DE COLROY.

Cœur de Français sous robe de bure. Drame patriotique en trois actes, pour jeunes gens.

Diane de Grigné. Comédie en trois actes, pour jeunes filles.

La France délivrée. Epopée militaire en trois tableaux, pour jeunes gens.

Jeannot et Annette. Petite féerie pour jeunes enfants. (*Série des Comédies enfantines*).

La légende de sainte Marthe. Drame religieux en trois actes, pour jeunes filles, avec divertissement et chœurs. Musique de P. DE COLROY.

La pâtissière de la rue Tiquetonne. Drame historique en deux actes, pour jeunes filles.

Quand les chats sont partis !... Scène japonaise en un acte, pour jeunes filles, avec divertissements et chœurs. Musique de P. DE COLROY.

Le rossignol du roi Corbin. Comédie en un acte. (*Série des Comédies enfantines*).

Rouge-Rose. Comédie en deux actes pour jeunes enfants. (*Série des Comédies enfantines*).

La sorcière de Montépilloy. Drame historique en trois actes, pour jeunes gens.

Thinaô, Fleur de Lotus. Comédie en trois actes, pour jeunes filles. Musique de P. DE COLROY.

Le violon enchanté. Comédie en deux actes, pour jeunes gens. (*Série des Comédies enfantines*).

RENÉ SAINT-URSANNE

En attendant la berloque. Comédie en deux actes, pour jeunes gens.

La fée aux perles. Opérette en un prologue et trois tableaux, pour jeunes filles. Musique de P. DE COLROY.

La grève des midinettes. Comédie en un acte, pour jeunes filles.

Olaf ou le bon moujik. Comédie en un acte, pour jeunes gens.

NOUVEAU RÉPERTOIRE DES « SOIRÉES HONNÊTES »
(Série des Patronages et Institutions)

HENRI MORIENVAL

Quand les chats sont partis !...

SCÈNE JAPONAISE EN UN ACTE

AVEC DIVERTISSEMENTS, CHANTS ET CHŒURS

Musique de P. DE COLROY

ERNEST FLAMMARION, ÉDITEUR

26, RUE RACINE, PARIS

ANALYSE DE LA PIÈCE

Monsieur Abricot est un grand peintre à Yokohama : il vient de recevoir une commande du portrait de l'Empereur, et il part avec sa femme, madame Abricot, pour se rendre à Tokio au palais du Mikado. Son absence sera de courte durée ; il laisse sa maison et son atelier aux soins de sa servante Bégonia.

Au lever du rideau, Bégonia met en ordre l'atelier et reçoit les dernières recommandations de madame Abricot : ne laisser entrer personne dans l'atelier et défense de toucher à quoi que ce soit.

Mais, aussitôt le départ de ses maîtres, Bégonia, non seulement satisfait sa curiosité, mais elle reçoit sa petite amie Dahlia qui est encore plus curieuse qu'elle. Toutes deux sont intriguées par les signes cabalistiques tracés sur le crâne du magot et sur le contenu du coffre du guerrier samouraï.

On décide de consulter la sorcière, madame Escargot, qui est très savante. Bégonia va la chercher et la sorcière leur explique que le coffret renferme un fétiche : le crapaud aux yeux d'or, et elle leur chante cette légende chinoise ; quant au magot, les signes tracés sur son crâne indiquent les cases du cerveau correspondant aux qualités et aux défauts.

Deux petites voisines, Feur de Thé et Mimitzou, viennent rendre visite à Bégonia et pour se distraire, on découvre que Bégonia a la bosse de la gourmandise et Mimitzou la bosse de la curiosité : on est joyeux, on chante et on veut goûter.

Duo de la gourmande et de la curieuse.

Pendant le goûter, Mimitzou, la petite curieuse, s'approche du magot et touche son crâne ; aussitôt un déclic se produit, les deux mannequins font des gestes d'automates pendant qu'une musique sautillante accompagne leurs mouvements saccadés.

Toutes les mousmés prises de frayeur se prosternent à terre.

Dès que la musique cesse, les mannequins reviennent à leur immobilité première ; les jeunes filles reprennent confiance, mais on constate avec désespoir la disparition du crapaud aux yeux d'or, et Bégonia craint d'être chassée : on la console et, petit à petit, la gaieté renaît ; on voudrait danser : il n'y a qu'un moyen : toucher à nouveau le magot. La musique reprend et les mannequins se remettent en mouvement. Mais au moment où les danses sont le plus animées, madame Abricot fait son entrée : colère, cris, imprécations pleuvent sur les mousmés terrifiées : Madame Abricot s'évanouit. Rideau.

CONSEILS
DE L'AUTEUR POUR LA MISE EN SCÈNE

Plantation du décor. Le décor est très simple ; les parois des murs sont recouvertes de papier teinte unie ; on accrochera des masques grimaçants et des kakémonos, sortes de grandes images coloriées ; sur le sol des nattes.

Un panneau du fond, remplaçant la porte d'entrée centrale, glissera sur des rainures et démasquera une fresque brossée à la détrempe représentant un paysage japonais riant et fleuri ; facile d'exécution en copiant une vieille estampe.

Meubles et accessoires. Des chevalets de peintre sur lesquels sont placées des toiles ébauchées ; un divan ; une table basse ; des coussins de velours noir.

Une mandoline ; un plateau contenant des petites tasses et des gâteaux ; une petite glace à main.

Dans la coulisse, un piano et un ressort avec déclic bruyant.

Costumes. Le costume de la japonaise se compose d'une robe longue, aux manches plates, appelée kimono et d'une large ceinture, de couleur différente de la robe, nouée par derrière par un nœud à grandes coques appelé obi.

Les étoffes du kimono sont de nuances tendres avec dessins a grands ramages, tels que des vols de cigognes au plumage d'or ; elles sont très variables comme couleurs et comme dessins.

La Japonaise a le teint fardé ; on enduira le visage de vaseline et on passera un fond de teint légèrement bistré ; on poudrera en rouge les pommettes et le tour des yeux, on allongera les yeux en amande et avec une brosse douce on fondra l'ensemble ; on se coiffera en relevant les cheveux en formant des coques noires et luisantes avec des épingles dans le chignon.

On devra exagérer les salutations, les révérences cérémonieuses en se prosternant jusqu'à terre avec une exagération d'obséquiosité.

Madame Abricot est une personne maniérée d'une impatience fébrile au début de l'acte : elle devra mimer avec beaucoup de soin la scène finale dans laquelle sa colère doit aller jusqu'à l'évanouissement.

La mère Escargot doit être habillée tout en noir ; au besoin, un long manteau : ne pas craindre de la vieillir tout en lui conservant la voix très fraîche.

Tous les rôles de jeunes filles doivent être joués avec beaucoup de gaieté et d'entrain.

Figuration. Deux figurants doivent représenter les deux mannequins placés au fond de la scène à droite et à gauche du panneau central.

Le mannequin de droite est un magot chinois assis sur un fauteuil ; il porte une robe à couleurs voyantes ; son visage devra être fardé de blanc avec longues moustaches noires ; un crâne luisant sur lequel seront tracés au pinceau des cases et des signes cabalistiques.

Le mannequin de gauche est un guerrier samouraï ; c'est un costume en papier verni facile à copier sur des estampes chinoises ; il est également assis et porte un coffret laqué sur les genoux.

Dès que Mimitzou aura touché le magot, on activera dans la coulisse le ressort à déclic, puis la musique jouera et les mannequins commenceront leurs mouvements automatiques et saccadés : ils lèvent les bras à hauteur des coudes, puis à hauteur des épaules, puis au-dessus de la tête, la tête suivant ces mouvements ; ils abaissent les bras de la même façon et continuent ainsi pendant toute la musique de scène.

Ils se règlent l'un sur l'autre pour que leurs mouvements soient identiques, en évitant toutefois de laisser supposer au public qu'ils sont des êtres animés ; ils devront garder pendant toute la durée de l'acte une immobilité absolue du corps et du visage.

PERSONNAGES

MADAME ABRICOT.
BÉGONIA.
MADAME ESCARGOT.
DAHLIA.
FLEUR DE THÉ.
MIMITZOU.
DEUX FIGURANTES.

La scène se passe à Yokohama, de nos jours.

Quand les chats

sont partis !...

L'atelier d'un peintre japonais.

Grande pièce dont les murs sont tendus de papier à nuance unie ; des kakémonos, sortes d'images à couleurs voyantes, sont accrochés, ainsi que des masques à figures grimaçantes ; sur des chevalets, des toiles à peine ébauchées.

L'entrée du fond de l'atelier est masquée par un panneau qui glisse sur des rainures ; lorsque le panneau est ouvert, il démasque un paysage japonais riant et fleuri.

A droite et à gauche de l'entrée, deux mannequins assis sur des escabeaux ; ces mannequins sont de grandeur naturelle ; l'un représente un guerrier japonais qui tient un coffret laqué sur ses genoux ; l'autre est un magot chinois au crâne dénudé ; sur ce crâne sont tracées des cases avec des signes cabalistiques.

Un divan dans l'angle gauche de la pièce ; près du divan, un guéridon bas.

Dans l'angle droit, une rangée de coussins en velours noir.

SCÈNE PREMIÈRE

MADAME ABRICOT, *puis* BÉGONIA.

MADAME ABRICOT, *sur le devant de la scène, donne des signes d'impatience.*

Décidément, mon mari sera en retard toute sa

vie !... nous ne pourrons jamais arriver à temps à la
gare... Oh ! si nous allions manquer le train aujour-
d'hui... ne pas nous présenter au palais à l'heure
fixée par l'empereur nous serions déshonorés pour
quatre générations ! (*Avec commisération.*) Mais,
monsieur Abricot s'inquiète fort peu de tout cela !
Oh ! ces artistes ! (*Elle se promène avec agitation de
long en large, puis va au panneau du fond qu'elle fait
glisser.*) Depuis ce matin le temps a l'air de se gâter.
(*Elle regarde au dehors.*) Oui... il y a beaucoup de
nuages sur le Fugi... c'est de l'orage, pour sûr... il
nous faut prendre nos parapluies. (*Elle referme le
panneau, puis va à la porte de gauche et appelle :*)
Bégonia ! Bégonia !

BÉGONIA, *entrant par la porte de gauche, se prosterne le nez louchant le sol, les poings réunis sur
les tempes.*

A vos ordres, honorable maîtresse.

MADAME ABRICOT

Le temps menace beaucoup... Va me chercher mon
parapluie et celui de monsieur Abricot ! (*Bégonia se
relève et sort par la gauche.*)

SCÈNE II

MADAME ABRICOT, *seule.*

MADAME ABRICOT, *s'approchant d'une toile ébauchée
placée sur un chevalet.*

Ah ! il ne travaille pas fort en ce moment, mon

brave mari ! voilà une toile qu'il devait envoyer le mois dernier au salon de Tokio et elle est à peine commencée !... Je sais bien qu'il accepte beaucoup trop de commandes depuis que nous avons la clientèle de l'empereur, cela le flatte, cet homme... quand je pense qu'il y avait des imbéciles qui prétendaient ne pas comprendre sa peinture ! (*Elle se dirige vers le mannequin de gauche et va regarder l'intérieur du coffret.*) C'est vrai que la veine lui est venue depuis que je lui ai acheté ce fétiche... Ah ! si nous avons du bonheur, c'est bien à lui, ce cher crapaud aux yeux d'or, que nous le devons... c'est bien grâce à lui que tout nous réussit. (*Elle manifeste quelque inquiétude.*) Il n'est peut-être pas en sûreté ici... mais où le mettre ? (*Elle regarde de tous côtés.*) Il n'entre personne dans l'atelier et il n'y a pas de voleurs à Yokohama ! (*Elle revient sur le devant de la scène.*) Si l'empereur nous fait la belle commande que j'espère... je pourrai acheter cette magnifique bague d'émeraudes et de diamants que j'ai vue hier chez Tako-Sara... je la porterai avec honneur... je la montrerai à toutes mes amies... ça leur fera beaucoup d'impression quand je ferai briller le diamant...

SCÈNE III

MADAME ABRICOT, BÉGONIA.

BÉGONIA, *entrant par la gauche, se prosterne et présente un parapluie en papier huilé.*

Monsieur fait dire à madame qu'il vient tout de

suite... il termine une affaire avec un seigneur étranger.

MADAME ABRICOT

Oui, c'est cet Américain qui est venu hier lui marchander un tableau.

DÉGONIA

Oh ! c'est certainement un étranger, il serre la main à la manière occidentale.

MADAME ABRICOT, toujours impatientée.

Enfin ! attendons. Regarde mon obi. (Elle tourne le dos.) Est-il bien ?

BÉGONIA

Très bien, honorable maîtresse.

MADAME ABRICOT

Oh ! je bous d'impatience ! Quelle heure est-il ?

BÉGONIA

Un quart passé dix...

MADAME ABRICOT

Et le train est à onze... nous n'avons que le temps... certainement nous allons manquer le départ. (Elle va à la porte de gauche.) Ah ! voilà l'Américain qui s'en va... j'entends monsieur Abricot... Bégonia, le Kourouma est-il en bas ?

BÉGONIA

Oui... honorable maîtresse... il est à deux coureurs... oh ! vous arriverez sans difficulté.

MADAME ABRICOT

Alors ! je te quitte... surveille bien la maison... surtout ne laisse entrer personne ici dans l'atelier... ne t'inquiète pas... il est probable que nous rentrerons un peu tard dans la soirée. (*Elle sort par la gauche.*)

BÉGONIA, *se prosternant.*

Honorable maîtresse... bonne humeur pour le voyage !

SCÈNE IV

BÉGONIA, *seule.*

BÉGONIA, *se relevant vivement, court au panneau du fond qu'elle entr'ouvre légèrement.*

Les voilà partis ! (*Elle referme le panneau et revient sur le devant de la scène.*) Je vais être tranquille... Cet après-midi, j'irai prendre mon amie Dahlia, nous irons promener... nous irons voir la gare... c'est un beau monument, on admirera les élégantes dames qui descendent du train et qui viennent en ville... la dernière fois, nous avons vu de si belles ombrelles... on reviendra par l'avenue des bazars... on achètera des fétiches, des poupées qui portent bonheur... on prendra des cornets de glace râpée... c'est si bon ! (*Elle se passe la langue sur les lèvres.*) Si je mangeais un gâteau. (*Elle va décrocher un masque fixé au mur, y prend un gâteau qu'elle mange avec satisfaction.*) Jamais on ne découvrira ma cachette. (*Elle raccroche le masque japonais.*) Il est trop laid... on n'oserait pas y toucher... (*Elle vient regarder le mannequin de droite.*) C'est comme cet autre magot... ce qu'il m'intrigue celui-là... jamais je n'ai pu déchiffrer ce qu'il y a d'écrit sur son crâne... c'est certainement un être maudit...

SCÈNE V

BÉGONIA, DAHLIA.

DAHLIA, *petite japonaise à mine éveillée, entr'ouvre la porte de gauche et passe la tête.*

On peut entrer ?... Tu es seule ?

BÉGONIA, *la bouche pleine.*

Oh ! c'est toi ! tu m'as fait peur. (*Allant à elle et la repoussant.*) Il ne faut pas entrer, l'honorable seigneur le défend... tu me ferais renvoyer.

DAHLIA, *entrant résolument.*

Ne crains rien... je viens de les voir en pousse-pousse... ils allaient en vitesse du côté de la gare... où vont-ils ainsi ?

BÉGONIA, *avec importance.*

Le patron va recevoir la commande d'un portrait de Sa Majesté l'Empereur.

DAHLIA

Oh ! alors ! on va s'amuser... ils ne seront pas de retour avant la nuit... laisse-moi voir cet atelier dont on parle dans tout Yokohama !... mais toi ? Que regardais-tu quand je suis entrée ?

BÉGONIA

C'est ce vilain magot...

DAHLIA

Oh ! qu'il est laid !... c'est certainement un misérable esprit qui habite là-dedans ?

BÉGONIA

Je cherchais à deviner ce que l'on a peint sur son crâne, mais hélas ! je n'y vois rien... Et toi ?

DAHLIA

Oh ! ma chérie... moi... je n'y verrai pas davantage que toi ; nous autres... pauvres petites mousmés... on ne nous instruit pas.. sais-tu ?... tu devrais consulter la mère Escargot...

BÉGONIA

Cette vieille sorcière qui demeure tout à côté ?

DAHLIA

Oui ! cette brave femme sait beaucoup de choses...

elle lira les caractères que nous ne pouvons déchiffrer.

BÉGONIA

Je n'ose pas... si les maîtres savaient qu'elle est entrée ici...

DAHLIA

Que tu es bête ! on lui recommandera de ne rien dire...

BÉGONIA

Après tout ! Tu as raison... je vais l'appeler... je te laisse... ne touche à rien... (*Elle sort par la gauche.*)

SCÈNE VI

DAHLIA, *seule.*

DAHLIA, *elle se promène dans tout l'atelier, examinant tous les objets, toutes les toiles, puis s'arrête devant un tableau.*

Oh ! mais c'est madame Epinard ! je la reconnais très bien... c'est qu'elle est ressemblante tout de même... Pour être bien attrapée... elle est bien attrapée. (*Elle va à une autre toile.*) Oh ! ce guerrier, il a l'air farouche ! C'est certainement un samouraï ! Rien qu'à le regarder, j'en ai la chair de poule ! J'en ai vu un tout pareil dans le temple de Sakomaru... il m'a fait le même effet... C'était tout de même un plus beau costume que ceux de nos élégants avec leurs faux-cols et leurs chapeaux melons dans le genre de celui qui, l'autre jour, à la fête des Esprits, m'a invitée à danser. Certainement il avait bu trop de saké... Oh ! moi ! danser ces danses étrangères... Oh ! non ! je ne pourrai jamais... j'aimerais mieux mourir...

SCÈNE VII

DAHLIA, BÉGONIA, MADAME ESCARGOT.

BÉGONIA *entre par la gauche et introduit madame Escargot, vieille femme, toute en noir, marchant courbée, sautillant perpétuellement en s'appuyant sur deux bâtons.*

Entrez ! Entrez donc ! madame Escargot, n'ayez pas peur !

MADAME ESCARGOT

Oh ! je n'ai pas peur ! mais je suis saisie de respect en entrant dans ce temple du travail et de l'intelligence ; il faut invoquer l'esprit du bien pour chasser les mauvais esprits ! Mais, voyons, que désires-tu savoir ?

BÉGONIA

Venez ! Tenez ! (*Elle la conduit devant le mannequin de droite.*) Regardez ce magot... qu'est-ce qu'il y a d'écrit sur son crâne ?

MADAME ESCARGOT, *examinant le crâne du magot.*

Voyons un peu... attends que je mette mes lunettes. (*Elle met d'énormes lunettes d'écaille noire.*) Oui ! oui ! je vois... eh bien ! c'est très simple... Écoutez-moi, mes fillettes... Dans notre cerveau, il y a des cases qui correspondent à toutes nos qualités et nos défauts... si l'une de vous a le goût de la musique... cette case est chez elle très développée et forme même quelquefois une saillie sur le crâne... c'est pour cela qu'on dit souvent : « Elle a la bosse de la musique ! » alors tous les signes que vous voyez marqués ici indiquent les différentes cases du cerveau...

DAHLIA

Oh ! mais c'est savant, cela !

MADAME ESCARGOT

C'est certainement un vieux bonze qui a étudié cette science et qui a tracé ces caractères...

DAHLIA

Alors ? en regardant ? on peut voir les qualités qu'on a ?

MADAME ESCARGOT

Absolument... ainsi... (*Elle désigne sans toucher le crâne un des signes.*) Vois-tu ce point-là ? Si tu as une bosse à cet endroit... cela veut dire que tu es forte en calcul... regarde ! il y a écrit ici le mot « sciences ».

DAHLIA

Oh ! ce n'est pas la peine de regarder... (*Elle se tâte le front.*) je n'ai pas cette bosse-là !

BÉGONIA

Et les autres bosses, qu'est-ce que c'est ?

MADAME ESCARGOT

Regarde ! voilà la bosse de la vanité... là !... c'est la bosse de la mémoire... ici... la bosse de la curiosité...

BÉGONIA

Oh ! je n'ose pas regarder... alors il y a aussi tous les défauts.

MADAME ESCARGOT

Mais oui ! (*Elle lui tâte le front.*) Ne bouge pas... tu as une bosse là... (*Elle va vérifier sur le crâne du magot.*) Eh mais ! c'est la bosse de la gourmandise.

BÉGONIA, *toute confuse et rougissante.*

Vous croyez !... Oh ! vous devez vous tromper. (*Elle cherche à détourner l'attention de madame Escargot et change la conversation.*) Venez voir ce mannequin... qu'est-ce qu'il y a dans son coffret ?

MADAME ESCARGOT, *s'approchant du mannequin de gauche.*

Voyons ! (*Elle examine attentivement le contenu du coffret.*) Cela ! c'est un fétiche.

DAHLIA

Un quoi ?

MADAME ESCARGOT

Un fétiche, un porte bonheur... c'est un crapaud aux yeux d'or.

BÉGONIA

Ah ! ça porte bonheur... c'est pour cela que tout lui réussit... à monsieur Abricot.

MADAME ESCARGOT

C'est très rare ! Il faut le tenir bien enfermé parce que s'il vient à disparaître le malheur peut entrer à sa place... J'ai chanté bien souvent dans mon enfance la complainte du « Crapaud aux yeux d'or ».

DAHLIA

Si vous vous en souvenez encore, il faut nous la chanter.

MADAME ESCARGOT

Oh ! ma mignonne ! Tu te moques de moi... Chanter... avec ma voix cassée.

DAHLIA

Mais si ! mais si ! Chantez !

MADAME ESCARGOT

Je ne peux pas chanter... je n'ai pas de Koto pour m'accompagner.

BÉGONIA

Attendez ! madame Escargot ! (*Elle va décrocher une mandoline au-dessus du divan.*) Tenez !... voilà ce qu'il vous faut...

MADAME ESCARGOT, *s'asseyant sur un coussin sur le devant de la scène, chante en s'accompagnant sur la mandoline.*

Allons ! je veux bien... pour vous faire plaisir.

LE CRAPAUD AUX YEUX D'OR

I

Dans le ciel teint de corail
Qu'un dernier rayon inonde
Le soleil, bel éventail,
Disparaît au sein de l'onde.

Refrain.

Le jour s'apaise et s'endort,
Fondu dans la demi-teinte,
Bercé par la triste plainte
Du crapaud aux yeux d'or !

II

Lentement à l'horizon
La nuit vient, silencieuse,
Accrochant sur les maisons
Des lanternes lumineuses.

Refrain.

Le jour s'apaise... etc.

III

Sans dévoiler son secret
Chaque heure fuit une à une ;
Tandis qu'au ciel apparaît
Le fin croissant de la lune !

Refrain.

Le crapaud noir aux yeux d'or
Seul dans la nuit se promène ;
Happant au vol les phalènes,
Puis lourdement il s'endort !

DAHLIA, *battant des mains.*

Bravo ! Oh ! comme vous chantez bien encore à votre âge, madame Escargot.

MADAME ESCARGOT, *se relevant, va remettre la mandoline à sa place.*

La complainte a encore bien d'autres couplets... mais je les ai oubliés... ils disent que le crapaud porte bonheur à ceux qui le possèdent.

BÉGONIA

C'est donc pour cela que madame Abricot le tient enfermé et ne laisse entrer personne dans l'atelier... Surtout, madame Escargot, ne dites jamais à personne que je vous ai laissée entrer.

MADAME ESCARGOT

Ne crains rien, mignonne. Je me sauve, adieu mes enfants. (*En s'appuyant sur ses deux bâtons, elle sort par la gauche.*)

SCÈNE VIII

Les Mêmes, *moins* MADAME ESCARGOT.

DAHLIA

Elle est savante, cette vieille sorcière.

BÉGONIA

Savante... oui... peut-être... mais elle a fait dire par le magot que j'étais gourmande... ce n'est pas tout à fait exact... je voudrais bien qu'on regarde si tout le monde n'a pas la même bosse que moi.

MADAME ESCARGOT, *entr'ouvrant la porte de gauche sans entrer.*

C'est moi ! je vous amène deux petites amies qui viennent vous chercher... (*Elle fait entrer Fleur de Thé et Mimitzou.*) Entrez... mes mignonnes... Maintenant je disparais... (*Elle referme la porte.*)

SCÈNE IX

BÉGONIA, DAHLIA, FLEUR DE THÉ, MIMITZOU. *Fleur de Thé et Mimitzou, deux gentilles mousmés, entrent gaiement.*

FLEUR DE THÉ

Bonjour Bégonia ! Nous venons avec Mimitzou pour t'emmener au cinéma.

MIMITZOU

Nous savions que tu étais seule.

BÉGONIA

Je veux bien... mais sortez, sortez... n'entrez pas ici... c'est défendu !

MIMITZOU

Oh ! moi ! tu sais ! je suis curieuse, je ne jetterai qu'un coup d'œil.

BÉGONIA

Que je suis contrariée ! Alors, vous ne parlerez jamais de ce que vous avez vu ?

MIMITZOU

C'est juré !

BÉGONIA

Vous ne direz jamais que vous êtes entrées ici ?

MIMITZOU

Je te le promets... mais laisse-moi voir. (*Elle va vers le mannequin de droite.*) Qu'est-ce que c'est que ce bonhomme-là ?

BÉGONIA

Nous le savons seulement depuis un instant, c'est un magot qui indique nos qualités et nos défauts.

FLEUR DE THÉ

Il parle ?

BÉGONIA

Mais non, grosse bête... (*Elle veut lui tâter le front.*) laisse-toi faire... je ne te ferai pas de mal... la mère Escargot nous a montré où se trouve la bosse de la curiosité... (*Elle lui touche le crâne au-dessus de l'oreille.*) là... vois-tu... tu nous as dit tout à l'heure que tu étais curieuse, je vérifie si c'est exact.

MIMITZOU

J'ai une bosse là ?

BÉGONIA

Mais oui... tâte toi-même.

MIMITZOU, *peu convaincue.*

Peut-être... mais qu'est-ce que cela prouve ?

FLEUR DE THÉ

Cela prouve que tu es curieuse...

MIMITZOU, *froissée.*

Oh ! pas tant que cela...

BÉGONIA

Ne te fâche pas, le magot m'a bien dit à moi que j'étais gourmande.

FLEUR DE THÉ

Ce n'est pas un défaut...

DUO DE LA GOURMANDE ET DE LA CURIEUSE

MIMITZOU

I

Oui... je suis un peu curieuse,
J'ai la manie impérieuse
De tout vouloir
Connaître et voir
Avec l'espoir
De tout savoir.

BÉGONIA

Moi... je m'avoue un peu gourmande
Et je jouis d'être friande,
Des bons morceaux,
Petits ou gros.
Des fins gâteaux,
Et des sirops.

ENSEMBLE

MIMITZOU

J'aime à fouiller chaque tiroir
Cherchant le secret à surprendre
Et je sens mon cœur s'émouvoir
Quand j'y découvre un billet tendre.

BÉGONIA

Je rêve du matin au soir
Au bon repas que je vais prendre,
Mon cœur se dilate à l'espoir
De l'entremets qui peut m'attendre

II

MIMITZOU

J'adore l'intrigue surprise
Quant aux douceurs, je les méprise
Et je constate avec dédain
Qu'une gourmande a toujours faim !

BÉGONIA

Je n'aime que les friandises
Et je m'en vante quoi qu'on dise,
Estimant comme un fait certain
Qu'être fouineuse est fort vilain.

ENSEMBLE

MIMITZOU

La gourmandise, quel défaut !
Je dirai plus... quel affreux vice !
De tous les péchés capitaux
C'est le plus laid que l'on flétrisse.

BÉGONIA

Etre fouineuse n'est point beau :
D'une âme vile c'est l'indice
Qui vous place au même niveau
Qu'un argousin de la police !

MIMITZOU

Billet surpris !...

BÉGONIA

Bon repas pris !

MIMITZOU

Tiroir ouvert !

BÉGONIA

Riche dessert !

MIMITZOU

Dieu quelle veine !

BÉGONIA

La bonne aubaine

MIMITZOU

Quel beau domaine

BÉGONIA

Ma joie est pleine.

MIMITZOU

Secrets trahis !

BÉGONIA

Gâteaux exquis !

MIMITZOU

Beau fait divers !

BÉGONIA

Bons vins offerts !

MIMITZOU

Plaisirs sans peine

BÉGONIA

Régal de reine

MIMITZOU

La riche étrenne

BÉGONIA

Ivresse saine.

ENSEMBLE

Billets surpris.
A mon avis,
C'est hors de pair.

Tiroir ouvert
Je te le dis,
Rien n'est plus cher !

BÉGONIA

La gourmandise est ciel sur terre,
Je le soutiens, non sans raison .

MIMITZOU

Mais curieuse est mieux, ma chère
Je te l'affirme sans façon.

BÉGONIA

Tu le prétends, c'est ton affaire,
Je garde mon opinion.

MIMITZOU

Moi je suis d'un avis contraire,
Car telle est ma conviction.

BÉGONIA

Pour en finir, lors, convenons
Que ce sont là péchés mignons.

ENSEMBLE

Pour en finir, alors disons
Que le magot avait raison.

FLEUR DE THÉ

C'est très gentil, mes petites mignonnes, de vous
disputer, mais je vais vous mettre toutes les deux
d'accord.

MIMITZOU

Tu m'approuves d'être curieuse ?

BÉGONIA

Tu ne me reproches pas d'être gourmande ?

FLEUR DE THÉ

A toutes deux, je donne raison.

TOUTES DEUX

Ah ! bravo !

FLEUR DE THÉ

Et voici pourquoi ; nous pourrions satisfaire vos

goûts en y participant ; tout est joli ici, et si Bégonia pouvait nous dénicher quelques friandises nous passerions une heure délicieuse à nous régaler les yeux et le gosier.

DAHLIA

C'est cela, on dansera ensuite.

MIMITZOU

Quand les chats sont absents, les souris dansent.

BÉGONIA

Mes amies, je ne demanderais pas mieux que de vous donner à goûter, mais la mère Abricot met tout sous clé.

FLEUR DE THÉ

Bah ! en cherchant bien...

BÉGONIA

Vous ne voulez pas de saké ?

DAHLIA

Non ! donne-nous de la limonade et des gâteaux.

BÉGONIA

Je vais essayer d'en trouver, mais je crois bien qu'il ne reste rien dans le garde-manger que du riz et du poisson sec. (*Elle sort par la gauche.*)

SCÈNE X

Les Mêmes, *moins* BÉGONIA.

FLEUR DE THÉ, *voyant que Mimitzou fouille partout.*

Voilà encore que tu touches à tout... si l'honorable monsieur Abricot te voyait... il en ferait une colère !

MIMITZOU, *voyant que Fleur de Thé se regarde dans une petite glace.*

J'aime mieux être curieuse que coquette... moi je ne me regarde pas toutes les cinq minutes dans la glace comme toi !...

FLEUR DE THÉ

C'est parce que je trouve que tu m'as très bien coiffée.

MIMITZOU, *regardant ses mains.*

J'en sais quelque chose, tiens, regarde mes mains.

FLEUR DE THÉ

Je ne vois pas...

MIMITZOU

Comment ? tu ne vois pas ?... les écorchures des fils de fer.

FLEUR DE THÉ

C'est si difficile que cela ? En tout cas, je te féli-
cite... c'est tout à fait réussi...

SCÈNE XI

LES MÊMES, BÉGONIA.

BÉGONIA, *rentrant par la gauche ; elle porte un plateau
avec des friandises.*

Voilà tout ce que j'ai pu trouver... (*On installe sur
le devant de la scène une petite table basse, et des
coussins autour, puis toutes s'assoient face à la
scène.*) Ce que je trouve curieux, c'est que vous m'ac-
cusez d'être gourmande et vous allez dévorer toutes
les provisions que j'avais réservées pour moi...

FLEUR DE THÉ

Bégonia, ma chérie, tes gâteaux sont excellents et
nous te savons grand gré de t'en être privée pour
nous... aussi, pour te remercier, nous sommes venues
te prendre pour aller au cinéma.

MIMITZOU

Oui, viens ! si tu savais comme c'est amusant, nous
avons pleuré comme des fontaines.

BÉGONIA

Hélas ! impossible !... je dois les attendre et ils vont rentrer tard !

FLEUR DE THÉ

Le cinéma finit de bonne heure... tu seras rentrée à temps.

BÉGONIA

Hélas !

FLEUR DE THÉ

Voyons, c'est sérieux, tu refuses ?

BÉGONIA

Oui, n'insiste pas... je suis désolée de te refuser et j'en ai bien du chagrin puisque c'était si beau.

MIMITZOU

C'était terrible !

FLEUR DE THÉ

Et on donne la suite ce soir...

MIMITZOU

Écoute un peu... le malheureux père se rendait avec son enfant à la fête des Esprits...

FLEUR DE THÉ

Il avait bu trop de saké...

MIMITZOU

Le seigneur étranger lui a volé son enfant.

FLEUR DE THÉ

Quand la locomotive a déraillé, on s'est aperçu que l'enfant n'était plus là...

BÉGONIA

Je ne comprends pas très bien...

DAHLIA

Moi non plus...

FLEUR DE THÉ

C'est Mimitzou qui vous explique mal...

MIMITZOU

C'est qu'à partir de ce moment-là, je n'ai plus très bien compris. (*Elle se lève et va fureter de côté et d'autre.*)

FLEUR DE THÉ

Oui... cela est vrai... à un moment... l'électricité n'a pas très bien fonctionné et je n'ai pas bien saisi ce qui est arrivé...

BÉGONIA, *s'adressant à Mimitzou qui tourne autour du mannequin de droite.*

Je t'en prie, Mimitzou, laisse ce magot tranquille...

MIMITZOU

Puisque je suis curieuse. (*Elle fredonne l'air du duo.*) Je veux voir ma bosse qui est là. (*Elle touche le crâne du magot. A ce moment, on entend un grand bruit, c'est le déclic d'un ressort qui se déclanche : toutes les mousmés se précipitent la face contre terre. Le déclic cesse et on voit les deux mannequins se mettre en mouvement ; ils lèvent les bras à hauteur des épaules puis au-dessus de la tête qui suit les mouvements des bras ; une boîte à musique joue un air sautillant marqué par les gestes saccadés des automates. Dès que la musique cesse, les mannequins reprennent leur immobilité première.*)

FLEUR DE THÉ, *levant la tête d'un air craintif, regarde les mannequins.*

N'ayez plus peur, ils ne bougent plus.

BÉGONIA, *ayant toujours le front contre le plancher.*

Oh ! oh ! je n'ose pas regarder...

FLEUR DE THÉ

Mais rassure-toi donc ! (*Elle se lève.*) Tu vois... moi... je me lève...

BÉGONIA, *se levant à moitié.*

Oh ! Mimitzou ! qu'est-ce que tu as fait là ! !

MIMITZOU, *se levant complètement.*

Puisqu'ils ne bougent plus, je n'ai plus peur...

DAHLIA, *se levant.*

Surtout Mimitzou, ne recommence pas... certainement le mauvais génie a été fort en colère parce que
Mimitzou l'a touché...

MIMITZOU, *allant au mannequin de gauche, regarde
dans le coffret et pousse un cri de frayeur.*

Oh ! le crapaud aux yeux d'or n'est plus là ?

BÉGONIA, *s'effondrant à nouveau.*

Quel malheur ! C'est épouvantable ! Je veux mourir ! (*Elle sanglote.*)

FLEUR DE THÉ, *s'approchant de Bégonia.*

Voyons ! ne pleure pas comme cela... il reviendra !

BÉGONIA, *toujours effondrée et d'une voix coupée de
sanglots.*

C'était leur fétiche... ils vont me mettre à la porte...
c'est sûr !

MIMITZOU, *s'approchant de Bégonia.*

Mais non ! ne te fais pas de chagrin... il reviendra... Allons ! lève-toi. Viens ! Embrasse-moi... tu
ne m'en veux plus ?

BÉGONIA, *à demi rassurée, se levant, embrasse
Mimitzou.*

Vous me promettez toutes de ne rien dire ?

DAHLIA

Mais, madame Abricot ne s'en apercevra pas...

FLEUR DE THÉ

Et puis, je t'assure qu'il va revenir... on ne dira rien... nous te le promettons.

MIMITZOU, *riant.*

Du reste, les magots, non plus, ne diront rien.

BÉGONIA, *suppliante.*

Oh ! toi, Mimitzou, je t'en supplie n'y touche plus...

DAHLIA

C'est regrettable... j'aimais beaucoup cette musique... elle était très gaie.

FLEUR DE THÉ

On aurait dansé sur cet air-là !

DAHLIA

C'est cela, dansons. (*Elle va décrocher deux tambourins.*) Avec ces deux tambourins.

FLEUR DE THÉ

Oh ! moi ! danser avec des tambourins, j'aime mieux ne pas danser du tout.

DAHLIA

Si le bon génie était bien gentil. (*Elle regarde le mannequin.*) Au fond... il n'a pas l'air méchant du tout.

FLEUR DE THÉ

Tu crois qu'il...

DAHLIA

Il accepterait peut-être de nous faire un peu de musique.

BÉGONIA, *suppliante.*

Oh ! non ! non ! je vous en prie ! je vous en prie ! n'y touchez pas !

FLEUR DE THÉ

N'aie donc pas peur... Mimitzou, tu peux le toucher...

MIMITZOU

Oh ! moi, jamais !

DAHLIA

Et moi encore moins.

MIMITZOU

On me couperait la main plutôt que d'y toucher.

FLEUR DE THÉ

Attendez... il faut savoir qui dansera ?

BÉGONIA, *un peu rassurée.*

Toi... avec Dahlia.

FLEUR DE THÉ

Je veux bien... nous mettrons des masques. (*Elle va décrocher deux masques.*) Et Bégonia et Mimitzou nous accompagneront avec les tambourins.

BÉGONIA

Mais c'est que je ne sais pas du tout jouer du tambourin.

FLEUR DE THÉ, *prenant un tambourin.*

Regarde, ce n'est pas bien difficile, tu te mets à genoux comme cela, tu tapes avec les doigts fermés et Mimitzou frappe dans ses mains en cadence. (*Bégonia et Mimitzou s'installent sur des coussins sur le côté gauche de la scène après avoir débarrassé la table ; Dahlia et Fleur de Thé mettent les masques.*)

FLEUR DE THÉ, *allant au magot de droite.*

N'ayez pas peur. (*Elle appuie sur le crâne du magot, le même déclic se produit et la boîte à musique se fait entendre pendant que les mannequins font leurs gestes saccadés. Fleur de Thé et Dahlia dansent un pas japonais mimé ; trois pas en avant, trois pas en arrière ; elles balancent les bras et font une pirouette ; ces mouvements sont répétés de profil, face à droite et face à gauche.*)

SCÈNE XII

Les Mêmes, MADAME ABRICOT.

(Au moment où la danse mimée va se terminer, le panneau du fond glisse sur les rainures et madame Abricot apparaît ; elle reste immobile de colère.

A sa vue toutes les mousmés tombent la face contre terre.

La musique s'arrête et les mannequins reprennent leur immobilité. Madame Abricot court au mannequin de gauche, elle s'aperçoit de la disparition du crapaud aux yeux d'or. Elle lève les bras au ciel en brandissant son parapluie ; elle veut parler, mais la voix lui manque et elle tombe évanouie.)

E. GREVIN — IMPRIMERIE DE LAGNY — 10-1926

NOUVEAU RÉPERTOIRE DES "SOIRÉES HONNÊTES"

Cette collection ne comprend que des pièces ou monologues pouvant être joués dans les patronages, institutions libres, pensionnats, collèges, établissements religieux, etc.

Leur choix a été l'objet d'une sélection des plus scrupuleuses et ne contiennent aucune épithète malsonnante, aucune phrase pouvant choquer l'oreille la plus délicate.

Toutes les pièces et monologues figurant dans le « *Nouveau répertoire des Soirées honnêtes* » peuvent être joués en public sans que le droit d'auteur soit exigé.

MONOLOGUES ET SAYNÈTES

La valse. — La petite fée. — Les petits lapins. Monologues pour jeunes filles, par RENÉ BRANCOUR. Une brochure in-18 jésus. . . . . **1 fr. 50**

Pour les petits. — Nouvelle année. — Cloches de Pâques. — Noël. — Les voiles noirs. Petits poèmes à dire pour jeunes gens, par CARMEN CODOU DE CRÉCY. Une brochure in-18 jésus. . . . . **1 fr. 50**

Les petites marionnettes. — Bal d'automates. — L'échelle et le philosophe. Petits poèmes à dire pour jeunes gens, par RENÉ BRANCOUR. Une brochu e in-18 jésus. . . . . **1 fr. 50**

Les poupées de Marie-France. — Les gaffes de Marie-France. Monologues pour petites filles, par YVONNE DE KERGAËL. Une brochure in-18 jésus . . . . **1 fr. 50**

Le Révérend Père Bourjade (Aviateur de guerre), par JACQUES SIZUN. Une brochure in-18 jésus . . . . **1 fr. 50**

Je vais au patronage. Monologue mimé en vers pour jeunes gens, par PAUL DE COLROY. Une brochure in-18 jésus . . . . . **1 fr. 50**

Petit guide pratique de l'art du théâtre, par RENÉ SAINT-URSANNE. Avec 72 illustrations. 1 vol. **7 50**

8264. – Paris. – Imp. Hemmerlé, Petit et C¹ᵉ. 10-1926.